Les Secrets de Brune

L'amie parfaite

Traduit du brésilien par Fernando Scheibe • Scénario : Bruna Vieira, Lu Cafaggi • Dessin : Lu Cafaggi
Directeur de publication : Frédéric Lavabre • Collection BD jeunesse dirigée par Florian Ferrier • Maquette : Xavier Vaidis, Claudine Devey

WWW.EDITIONS-SARBACANE.COM
FACEBOOK.COM/FANPAGE.EDITIONS.SARBACANE
INSTAGRAM.COM/EDITIONSSARBACANE

 Loi n° 49-956 du 16 juillet 1949 sur les publications destinées à la jeunesse. • Dépôt légal : 1er semestre 2017 • ISBN : 978-2-84865-988-6 • ISSN : 2416-6936 • Imprimé en France par Pollina.L80299.

Bruna Vieira • Lu Cafaggi

les Secrets de Brune

L'amie parfaite

SARBACANE
éditeur de création

I am.
I am.
I am.
book ends

I am.
I am.
I am.
book ends

I am.
I am.
I am.
book ends

Tu me racontes tes secrets ?

Ceux que tu n'as jamais racontés à personne.

Au fil de ces pages, tu vas découvrir mon histoire. Je veux connaître la tienne aussi.

D'accord ?

J'ai décidé de changer d'école
parce que je voulais fuir.
C'est ça, mon secret.

Demain, c'est le premier
jour de classe, et je n'ai
aucune idée de comment
ça va se passer.

C'était censé être comme
affronter une page blanche,
mais la mienne est déjà
toute griffonnée.
Et j'ai peur
de ce que les
autres vont
penser de moi.

Je sais, c'est sans doute idiot.
Puisque personne ne me connaît, je peux être qui je veux.
Mais la peur, c'est comme ça, non ? Elle ne te demande pas la permission avant d'entrer.
Et il ne s'agit pas seulement d'être qui je veux.
Je veux savoir qui je suis sans que personne n'attende rien de moi en retour.

Lorsqu'on ne devient pas ce que les autres attendent de nous, ils finissent par nous ignorer.
C'est pas mal, ça, il faut que je le note !
J'aimerais tant qu'Elsa soit avec moi dans cette nouvelle école.
J'ai le trac à l'idée de me retrouver toute seule, que personne ne vienne me parler.
À : Elsa
Tu dors ?

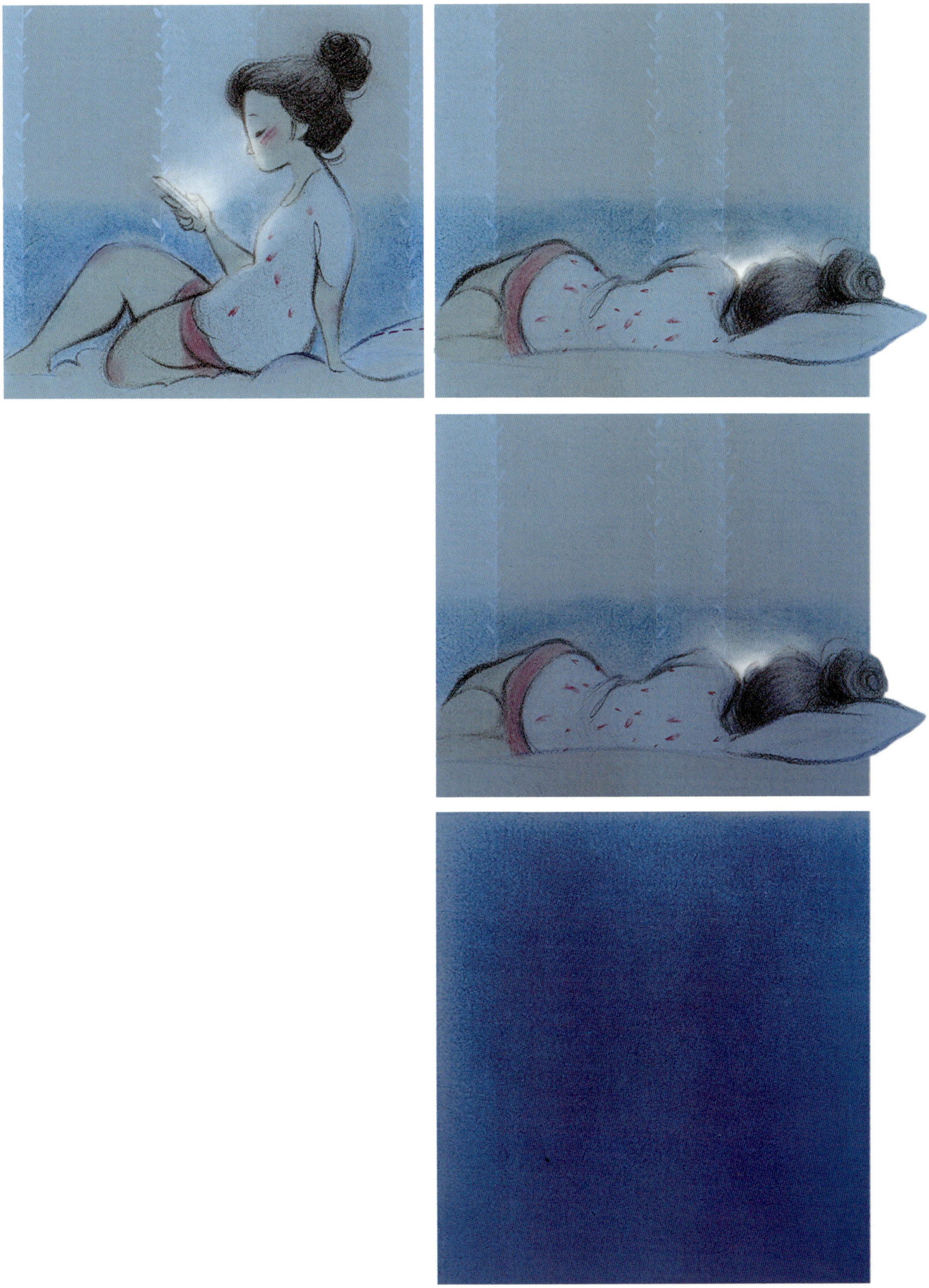

La longue marche

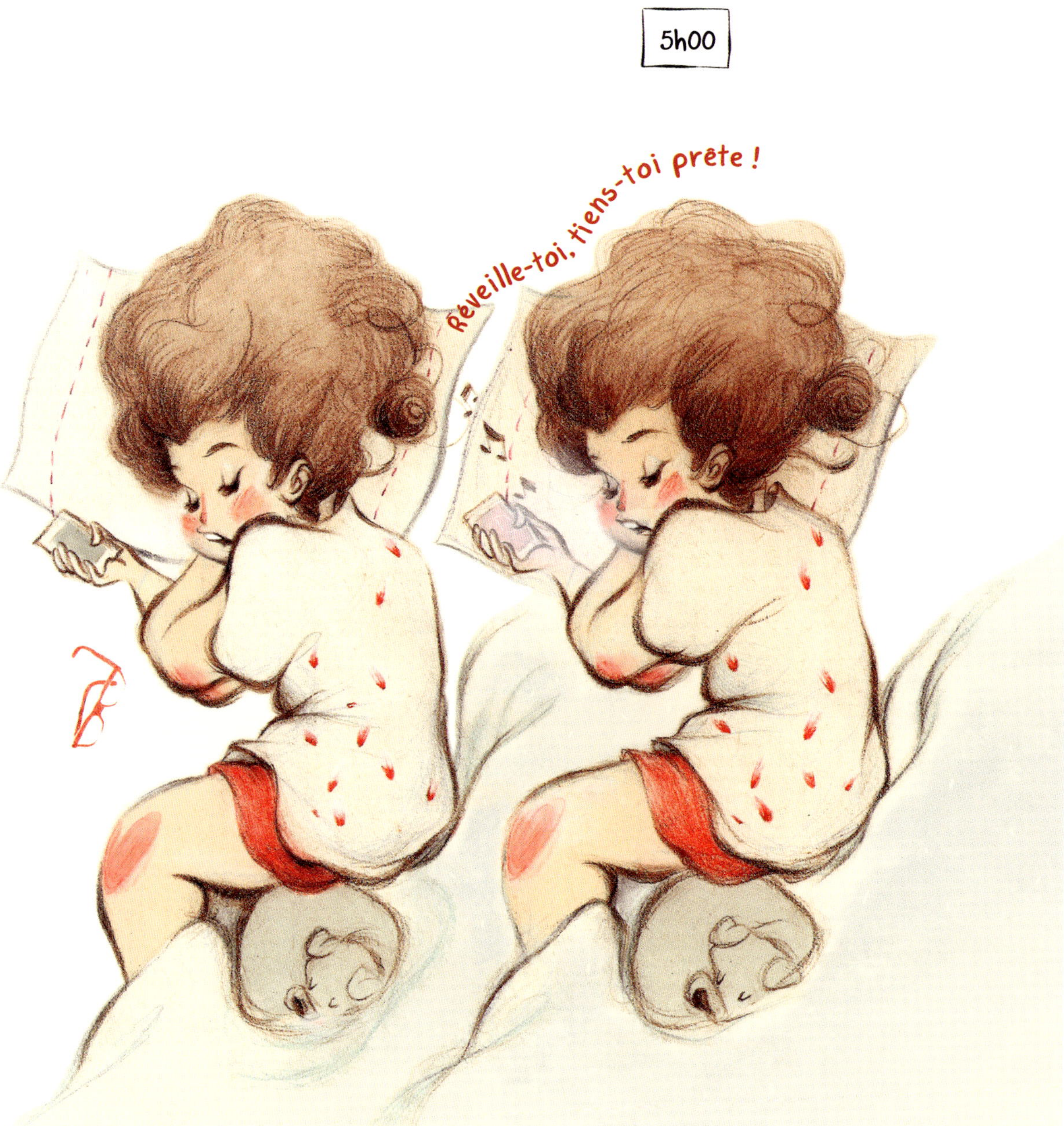

5h02
6h30

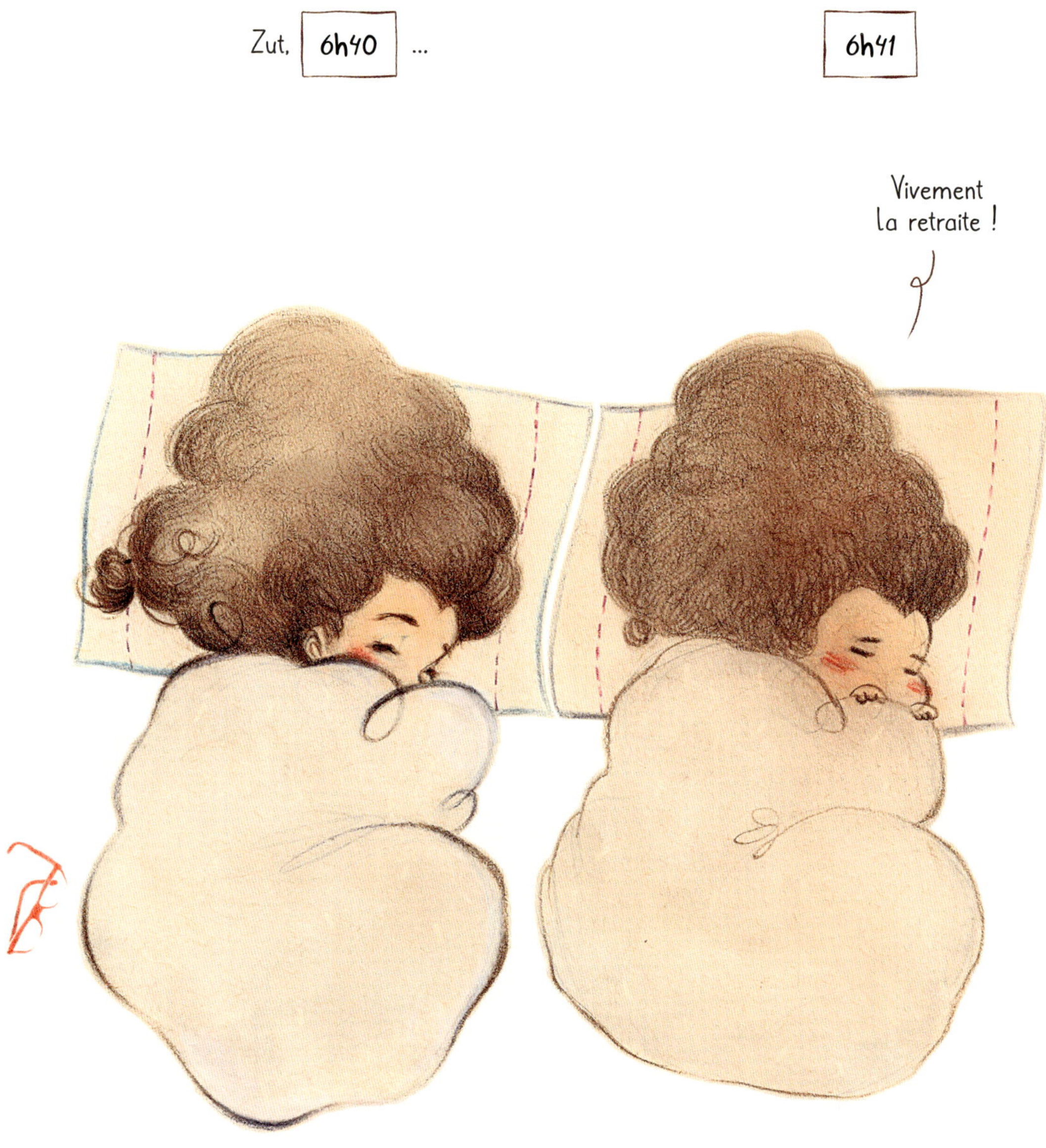
Zut, 6h40 ...
6h41
Vivement la retraite !

Mais je me dis qu'il y a du lait au chocolat.
Nesquik

les Secrets de Brune

BRUNA VIEIRA - LU CAFAGGI - SARBACANE

Ce ne sera plus jamais la même chose…

Maintenant, je dois penser à demain.
Tchu Tchá Tchá Tchu Tchu Tchá Tchu Tchá Tchá Tchu Tchu Tchá
Aujourd'hui c'est le jour

De la beauté

Aujourd'hui,
Tu ne m'échapperas pas.
Coupe-toi la frange !
Nettoie bien ta peau.
Passe de la crème solaire
et hydrate
ton visage.
Un peu de fond de teint
pour bien matifier la peau.
Car je dois mettre
de l'eye-liner !
Et voilà !

Hummm...
J'ai fait n'importe quoi.
Ça ne va pas du tout.
Je vais pleurer.
Non,
c'est
par
fait !
Un peu de rouge...
je vais défaire ma tignasse...
parce que...
je veux être...
très
moche.

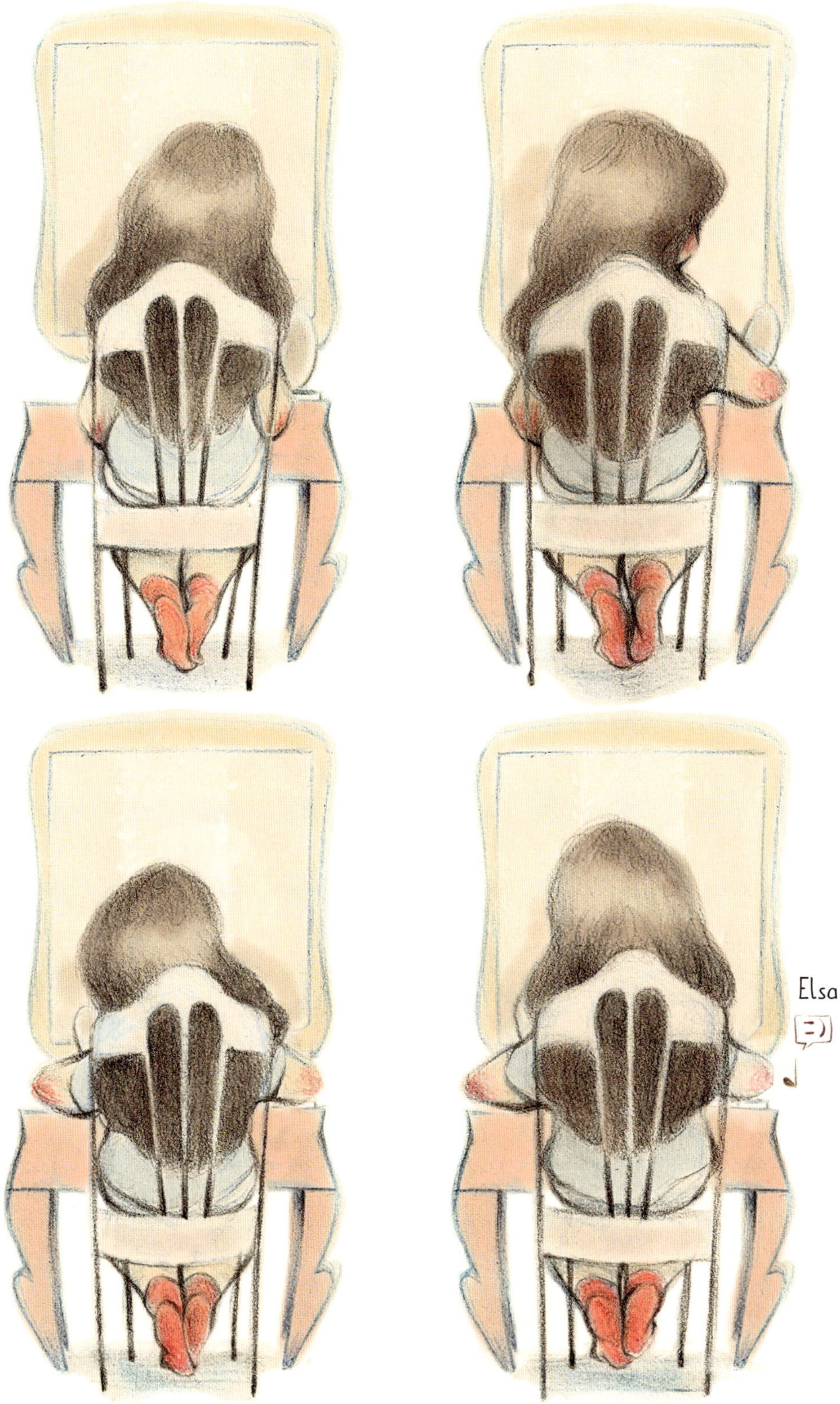
Elsa

« Bonne chance dans ta nouvelle école »
« Tu es la meilleure, Brune. »
« Ils seront d'accord avec moi là-bas. »
« On se voit cette aprèm. Love you. »
« Bisous ! »
Aujourd'hui
je me sens
Ravissante

Entre les actes

Slurp
Ouais.
À plus.
Essaie de ne pas faire honte à la famille.
Ok.

Salut, je m'appelle Brune.
« Wouah ! Brune, tu es la meilleure ! »
Là, vous en faites trop... Je fais juste ce que je peux.
« Brune, tu veux venir chez moi manger des crêpes et regarder toute une saison de *The Perks of Being a Recreation* avec nous ? »
« Brune, tu as des cheveux magnifiques... »

Alexandre
ALMEIDA.
Présent.

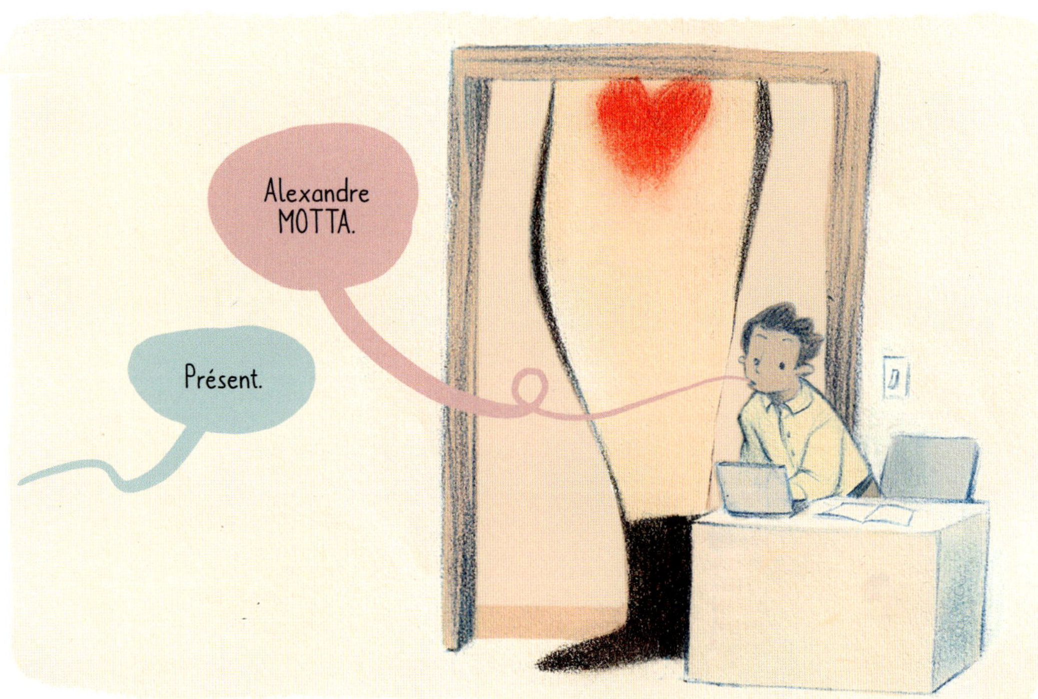
Alexandre
MOTTA.
Présent.

Barbara LOPES.
Présente.
Brune VIEIRA.

Présente.
Monsieur, vous avez oublié mon nom.
Votre nom ?

Ana Paula.
Ana Paula
Elle est belle comme une actrice de série américaine !
The book!
Caio
Il sent le talc pour bébé.

Carolina
Elle semble sortie tout droit d'un dessin animé japonais.
Felipe
Il marche un peu de côté comme s'il avait un caillou dans sa chaussure.
Gabriel
Voici le dessin qu'il a fait de lui-même.

Le vrai
Gabriel
le voici.
Et les dessins qu'il a faits des autres élèves.
Henrique.
Henrique ?
Présent, monsieur.
Henrique
Il parle tout bas.
Jamais je ne vais plaire à ces gens-là.

Personne pour m'accompagner

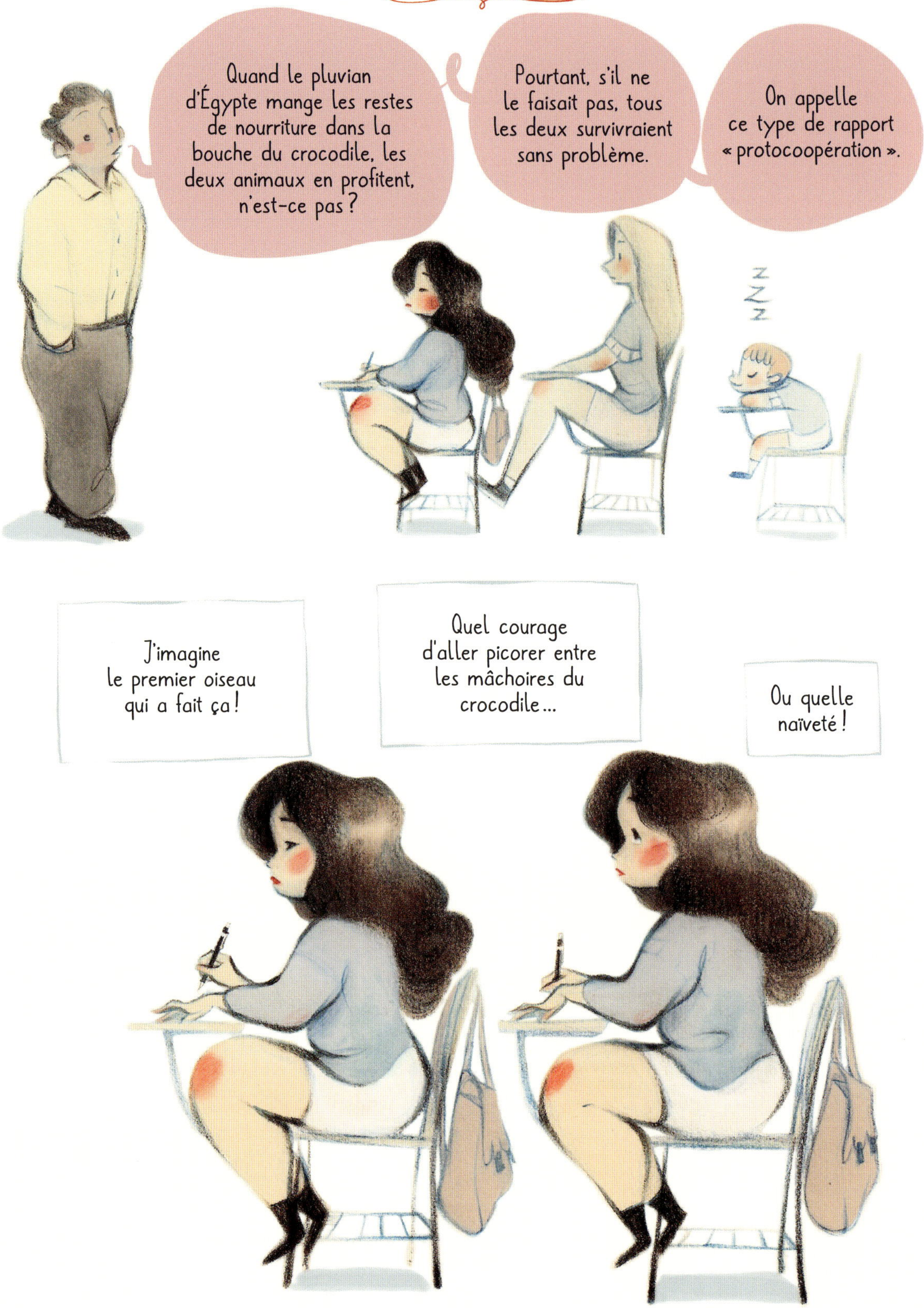

Je te propose,
en cette belle journée,
de te nettoyer les dents en échange d'un repas.
Très propre !
Gnac !

Peut-être que le troisième ou quatrième qui a essayé...
... a fini par réussir...
Vous avez bien pris des notes ?
...
Ça sera dans le contrôle, d'accord ?
petit oiseau

Ok, Brune.
Pas de panique.
Tu as besoin de ces notes de cours, donc...
Il est temps de te bouger.
Allons-y... Socialisons, socialisons...
Avec... la classe.
Avec la... bande.
Salut les copains.

Parfait, parfait, c'est ça l'idée.
À qui demander alors ?
Eux non, ils sont en train de bavarder.
Elle là-bas, elle lit, je ne vais pas la déranger.

Lui, il s'apprête à partir.
Elle, elle est trop belle.
Peut-être celle qui vient vers moi...

Salut, tu es japonaise ?
Non.
Ah.
J'adore les trucs japonais.

Est-ce qu'il est en train de me parler ?
Il murmure comme un petit oiseau…
Est-ce que quelqu'un va finir par me parler dans cette classe ?
Est-ce que quelque chose va enfin m'arriver ?

Tu es toujours là ? Ne me laisse pas me noyer !
Dis-moi, toi aussi tu as eu des jours difficiles dans ton école ?

« Qui vient à l'école maquillée comme ça ? »
« Tu ne t'es pas coiffée aujourd'hui ? »
« Tu n'es pas assez belle pour mettre un rouge à lèvres aussi voyant ! »
« Désolée, je suis déjà avec quelqu'un ! »

Wouah, comment t'es belle !

Encore ? Je ne sais jamais comment réagir. Est-ce qu'il croit m'avoir fait un compliment ?
Je ne me sens pas flattée. Je me sens bousculée.
Je me sens envahie.
C'est quand même pas de ma faute !

Ce n'est pas de ma faute.
Ce n'est pas de ma faute.
Ce n'est pas de ma faute.
Ce n'est pas de ma faute.
Et je dois retourner en classe demain !
Pourquoi j'ai eu cette idée de changer d'école ?
Je me déteste.
Je me déteste.
Je me déteste.
Je me déteste.

Je t'ouafme !
Je t'ouafme !
Je t'ouafme !
Je t'ouafme !
Je t'ouafme !
Je sais, Zooey.
Tout va bien se passer.
Attends...
YES !
Maman a fait un gâteau !

Conversation à la cuisine

Préparation :

Gâteau de Savoie :

Montez les blancs en neige.
Ajoutez les jaunes un à un, puis le sucre toujours en battant. Ajoutez la farine tamisée, le lait chaud et remuez bien sans utiliser le mixer. Pour finir, ajoutez la levure.

Beurrez un moule à manqué et versez-y la pâte.

Cuire pendant 30 minutes à 180°, ou jusqu'à ce que le gâteau soit doré.

Garniture :

Dans une casserole, chauffez le lait et ajoutez les jaunes, le lait concentré et la maïzena. Laissez épaissir toujours en remuant. Éteignez le feu et ajoutez la crème fraîche. Découpez le gâteau de Savoie en deux couches. Écrasez quelques fraises avec un peu de sucre et d'eau pour faire une purée. Versez ce mélange sur la moitié inférieure du gâteau. Ajoutez la garniture et quelques morceaux de fraises et couvrez avec l'autre moitié.

Glaçage :

Couvrez le gâteau avec de la crème fouettée et décorez-le avec des fraises.

Voilà, c'est prêt !

Hey.
Hey.

BOUQUINISTE
Cette première journée ne s'est pas si mal passée.
Rien du genre : « Quel cauchemar ! »
Mais quand même…
Je crois que je vois ce que tu veux dire.
Et une fille s'est mis dans la tête que j'étais japonaise…

Y a vraiment personne de cool ?
Je ne sais pas. En fait, je n'ai parlé à personne !
Tu vas y arriver.
Tu avais tellement envie de ce changement.

Oui. Mais je crois que changer d'école n'était pas une bonne idée.
Brune, ça ne fait qu'une journée !
Dans notre école, c'était vachement mieux.

C'est plutôt ta mémoire qui te joue des tours.
Comment ça ?
Je n'ai pas tout à fait les mêmes souvenirs...
Journal d'Elsa :
C'était un jour gris, le 30 octobre. Pendant le cours de maths. Les gouttes ne menaçaient pas qu'à l'extérieur...
Tout le monde va se moquer de moi !
Et si le prof dit non ?
C'est sûr...
Je peux me retenir.
Brune, tu es en train de faire pipi ?
Oui.
Et tu as dit à tout le monde que tu avais renversé ton Orangina.

Hey !
Tu as déjà accroché le dernier que je t'ai fait !
J'écris beaucoup ces derniers temps.
J'ai déjà fini quatre cahiers.

Tu devrais essayer de publier ces textes. Imagine s'il y avait un livre sur toi.
Genre Harry Potter, sauf qu'au lieu de « Harry Potter », ce serait « Brune Vieira ».
Tu as décidé de te moquer de moi aujourd'hui ?
Brune Vieira et… sa nouvelle école. Non. Mmm…
Brune Vieira et le manque de perspectives pour l'avenir.
Brune Vieira et sa meilleure amie sensationnelle !
Brune Vieira et les Hirondelles sur le bras…
Ça non, personne ne peut être au courant de l'existence de ce tatouage.

Tu ne l'as montré à personne ?
Même pas à tes parents ? Il ne fallait pas leur autorisation ?
Si, ils sont au courant, ils m'ont donné l'autorisation. Tu vois bien ce que je veux dire...
Je parle des gens de ma nouvelle classe.
C'est quelque chose de très personnel, tu sais...
Quoi ?
Ton tatouage ou ton envie de fuir ?
Les deux.

Tu veux que personne ne soit au courant...
Ouais.
Pourtant, tu t'es fait tatouer sur le bras...
Ouais.
Très malin.
Je peux te donner un conseil ?
Non.
Hmm.
Tu devrais laisser les gens te connaître.

Tu peux faire aussi un de ces livres qui interagissent avec le lecteur…
Tu peux mettre, disons, une photo de Zooey, sur le dos, en pleine page.
En écrivant, à l'attention du lecteur : « Caressez ici. »
Personne ne serait assez bête pour faire un truc pareil.
I am, I am, I am.
Moi, si.
book

Caressez ici :

Agua viva

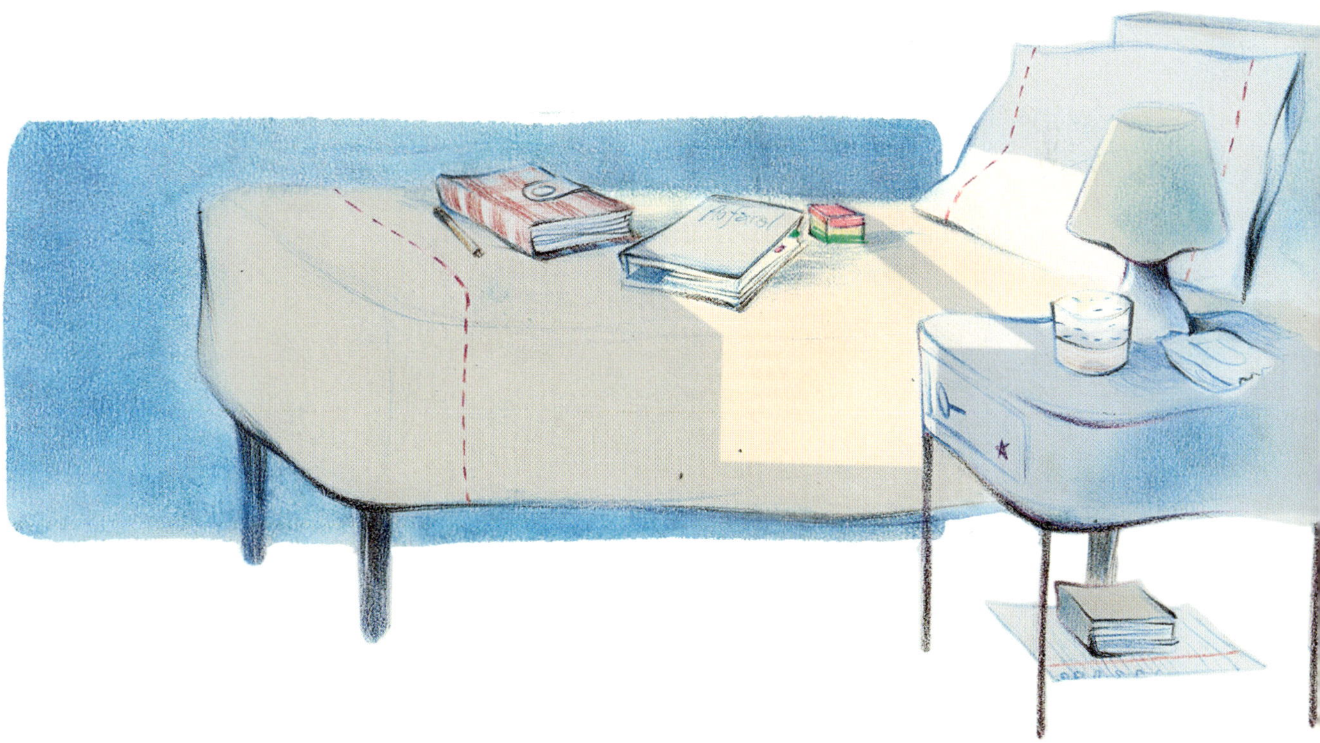

Si au moins je voyais un petit signe pour me dire que les choses vont s'arranger.

Un signe qui me montrerait que je ne suis pas en train de tout faire de travers.

Si j'aime bien le prochain morceau, ça veut dire que tout va aller mieux.

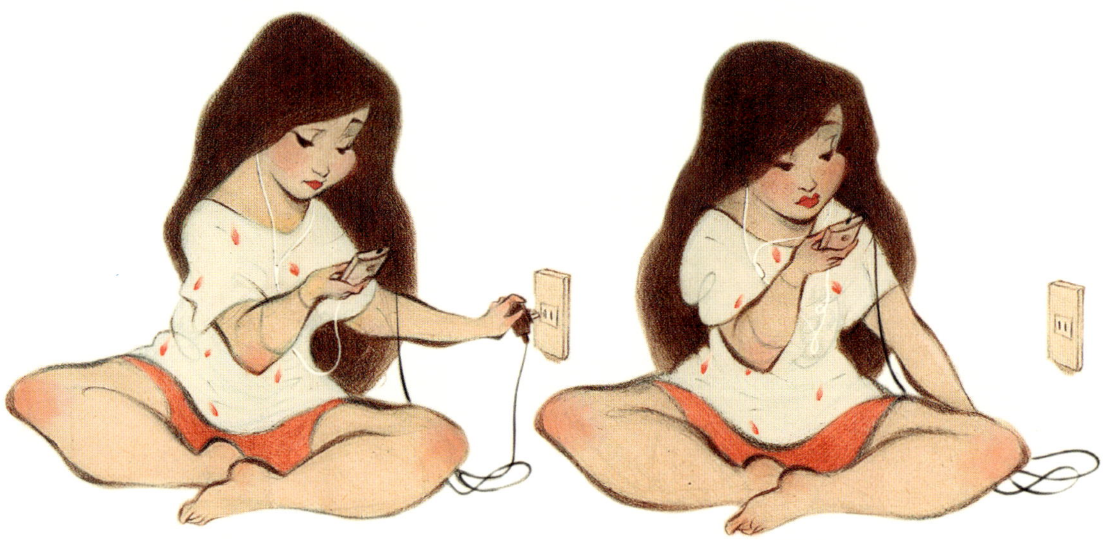

Playlist de Brune

1. Sandy & Junior - Quando Você Passa (Turu Turu)
2. RBD - Ser O Parecer
3. Vanessa Carlton - A Thousand Miles
4. Luka - Tô Nem Aí
5. Rouge - Um Anjo Veio Me Falar
6. Marjorie Estiano - Você Sempre Será
7. Avril Lavigne - My Happy Ending
8. Corinne Bailey Rae - Like A Star
9. The Pussycat Dolls - Stickwitu
10. Kelly Clarkson - Breakaway
11. JoJo - Too Little, Too Late
12. Hilary Duff - Come Clean

À toi !

Quels morceaux seraient assez cools pour te convaincre que tout peut s'arranger ?

Playlist de la joie

1.
2.
3.
4.
5.
6.
7.
8.
9.
10.

Tout va s'arranger !

Je réessayerai demain.
Sans me désespérer.

Au passage du troisième ou quatrième petit oiseau, qui sait ?

À SUIVRE...

Comment *les Secrets de Brune* a commencé

Avec les commentaires de Lu Cafaggi.

Voici les dernières études des personnages de ce livre.

Regardez la première Zooey que j'ai dessinée. Elle n'est pas aussi mignonne que la vraie, mais je l'aime quand même.

Ce personnage n'a pas été retenu dans la version finale du scénario. C'était la star d'un feuilleton télévisé que Brune adore regarder.

J'adore dessiner les dessins de Gabriel.

Felipe a un chien.

Références

Les titres de chaque chapitre de cette BD rendent hommage à des livres écrits par des femmes incroyables qui (j'en profite pour paraphraser Virginia Woolf) ont montré la voie, ont défriché le terrain, ont guidé et continuent de guider les pas d'autres auteures, à l'instar de Brune Vieira.

* La Longue Marche ~ **Simone de Beauvoir**
* La Maison aux esprits ~ **Isabel Allende**
* De la beauté ~ **Zadie Smith**
* Entre les actes ~ **Virginia Woolf**
* Just Kids ~ **Patti Smith**
* Personne pour m'accompagner ~ **Nadine Gordimer**
* A menina quebrada (La fillette brisée)* ~ **Eliane Brum**
* A conversa chegou à cozinha (Conversation de cuisine)* ~ **Rita Lobo**
* L'Amie prodigieuse ~ **Elena Ferrante**
* Harry Potter et la pierre philosophale ~ **J. K. Rowling**
* Água viva ~ **Clarice Lispector**

* Livres écrits par des auteures brésiliennes et qui n'ont pas encore été traduits en français

Playlist

Pour trouver l'état d'esprit dont j'avais besoin pour écrire ce livre, j'ai compté sur plusieurs sources d'inspiration.

Entre autres cette playlist que j'ai créée sur Spotify, composée de morceaux que j'écoutais quand j'étais adolescente ou de morceaux d'aujourd'hui qui me ramènent à cette époque.

J'ai aussi réuni des musiques de films et de séries TV qui donnent l'atmosphère que je voulais recréer dans cette histoire.

Voilà : la playlist est là !

http://bit.ly/1J7tnld

Comment *les Secrets de Brune* a commencé

Par Brune Vieira

Deux ou trois petites choses sur moi :

1. Quand j'étais petite, j'avais les genoux en permanence écorchés. J'ai des problèmes de vue et avec ma manie de regarder par-dessous mes lunettes, je ne voyais jamais ce qui était devant moi et je passais mon temps à trébucher. Avant même que mes genoux cicatrisent, je tombais à nouveau.

2. Je voulais être vétérinaire. Mais un jour, quand j'ai vu le petit chien de mon voisin passer sous une voiture, j'ai laissé tomber.

3. L'histoire du pipi racontée dans cette BD est véridique. Quand j'étais en CP, à cause de ma timidité, je n'ai pas eu le courage de dire à l'instituteur que j'avais besoin d'aller aux toilettes et je n'ai pas pu tenir jusqu'à la fin du cours.

4. Quand je mets de l'eye-liner, tout le monde croit que je suis d'origine asiatique. En réalité, ma famille est à moitié italienne et à moitié indienne.

5. Un des plus beaux jours de l'année était celui où ma mère m'amenait à la papeterie choisir mes fournitures scolaires. J'adorais découper, coller, transformer... Et puisqu'on ne pouvait pas acheter les cahiers les plus chers, je me fabriquais les plus originaux.

Mes lunettes rouges
de la Bande à Mônica (1998).

Zooey, quand elle est arrivée à
la maison. Trop mignonne. (2011).

J'ai été un arbre à l'école (2003).
Qu'on me jette la première pierre...

Mon premier jour dans
la nouvelle école (2005).

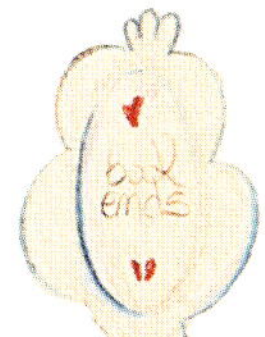

Bruna Vieira est née à Leopoldina, une petite ville du Minas Gerais, un État du Brésil. À 15 ans elle crée un blog pour épancher ses états d'âme, et c'est ainsi qu'elle découvre son amour de l'écriture et ce qu'elle aime vraiment : voyager et raconter des histoires.

Elle devient collaboratrice du magazine jeunesse *Capricho*. Elle est suivie par des milliers de fans sur la chaîne YouTube qu'elle a créée pour partager ses expériences. En 2012, elle publie son premier livre, *Depois dos quinze* ("Après les 15 ans"). Depuis, ses ouvrages se sont vendus à plus de 250 000 exemplaires.

Lu Cafaggi est née en 1988, à Belo Horizonte, capital du Minas Gerais. Elle commence à publier des bandes dessinées en 2010 sur son blog personnel.

En 2011, elle publie *Mixtape*, une collection de mini BD sur notre rapport à la musique. Elle est invitée avec son frère Vitor Cafaggi à produire une histoire originale de la BD classique brésilienne, *La Bande à Mônica*. En 2015, ils publient la suite de cette histoire sous le titre *Lições* ("Apprentissages").